CARLOS PEIRONE

SUFRIENDO

CON

SENTIDO

Peirone, Carlos
   Sufriendo con sentido / Carlos Peirone. - 1a ed . - Villa Nueva : Crecimiento Cristiano, 2017.
   48 p. ; 21 x 14 cm.

   ISBN 978-987-1219-36-0

   1. Vida Cristiana. I. Título.
   CDD 248.4

© **Ediciones Crecimiento Cristiano**

Título: Sufriendo con sentido

Autor: Carlos Peirone

Primera edición: abril 2017

ISBN: 978-987-1219-36-0

Diseño de tapa: Ana Ruth Santacruz
Diseño de interior: Ediciones Bara
✉ *edicionesbara@gmail.com*
  EdicionesBara

Ediciones Crecimiento Cristiano

"Más que enseñar, te ayudamos a aprender"
Especialistas en material para células y otros grupos pequeños
Córdoba 419
5903 Villa Nueva, Cba.
Tel: 0353-4912450
Cel/Whatsapp: 353-4810724
Argentina
oficina@edicionescc.com
www.edicionescc.com   **VC 12**

IMPRESO EN ARGENTINA

Resumen de temas

Título	*Página*
0 INTRODUCCIÓN: DEFINIENDO EL TEMA	5
1 ¿POR QUÉ SUFRIMOS?	7
2 LOS BENEFICIOS DEL SUFRIMIENTO	10
3 ¿CÓMO AFRONTAR EL DOLOR COMO CRISTIANOS?	14
4 LA ACTITUD DE JESÚS ANTE EL SUFRIMIENTO	21
5 EL SUFRIMIENTO EN LA CARTA DE PRIMERA PEDRO	27
6 EL SUFRIMIENTO COMO PARTE DE SEGUIR A JESÚS	34
7 EL SUFRIMIENTO COMO APRENDIZAJE	38
Bibliografía consultada:	42

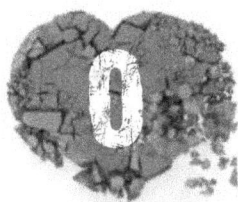

INTRODUCCIÓN

DEFINIENDO EL TEMA

Bienvenidos y felicitaciones por atreverse a estudiar un tema como este: El sufrimiento. En general huimos de él. Preferimos hablar de lo alegre, de lo que nos trae placer o disfrute. No obstante creemos que es significativo invertir tiempo en este tema: prepararnos para *Sufrir con sentido,* con valor, pues épocas o situaciones de dolor nos llegan a todos y es mejor estar "vacunados", preparados para enfrentarlas. También para aprender a acompañar a otros que sufren; ser más sensibles al dolor ajeno y consolar como hemos sido consolados. Nos acercaremos al tema individualmente y en grupos, pues también sabemos que sufrir en comunidad es más llevadero que sufrir solos. Que este tiempo de estudio nos fortalezca y establezca, nos afirme y anime en los tiempos difíciles.

Podremos observar en estas guías, que no hay "soluciones" fáciles para el tema del sufrimiento. Pero sí, vislumbraremos "salidas". Las soluciones que a veces buscamos apuntan a lo mágico, a lo inmediato, tipo recetas. Las salidas son más bien el resultado de un proceso, de un trabajo de Dios y del Espíritu Santo en nosotros.

En muchos casos el sufrimiento no es entendible y ni siquiera desde la fe cristiana podemos hacerlo. Tratamos de explicarlo, pero no logramos que sea más fácil de soportar. Es un misterio que no podemos resolver.

Las limitaciones a los planes de Dios:

Dice Michael Green en su libro *La iglesia local* (pág. 222 y ss.) que Dios quiere el bien nuestro, por lo tanto, el sufrimiento y la aflicción no son jamás su voluntad directa para nosotros. Puede que permita estas cosas, pero no las envía.

Algo sabemos y es que hay "limitaciones" para que los planes de Dios se cumplan. Veamos:

1 - La naturaleza de nuestro mundo: Nuestro mundo se rige por principios de causa y efecto. Si me corto un dedo, sale sangre; si disparo un arma, puedo matar; si me caigo de un árbol, me puedo quebrar. Dios no anula las leyes que rigen nuestro universo.

2 - La existencia de Satanás: Satanás existe y actúa, pero su destino final es la destrucción. Arruina la creación, a cada uno con el pecado y a la vida social con las guerras, la codicia, las enfermedades, etc. Pero la cruz de Jesús nos muestra que Dios triunfó sobre el sufrimiento y la maldad. Luchó contra Satanás y lo derrotó.

3 - El libre albedrío: Tenemos una voluntad libre. Predomina el mal y el sufrimiento debido al mal uso de nuestra libertad. Dios no nos hizo títeres, sino personas libres.

4 - Vivimos en un mundo caído: Adán se rebeló contra el Creador. Su rebelión afectó todo lo creado.

Teniendo en cuenta esto, comenzamos a trabajar.

"Sólo los que logran darle un sentido al sufrimiento, sobreviven. Quien se rinde no tiene posibilidades de sobrevivir. Es tarea del hombre arrancarle un sentido al sufrimiento".

Víctor Frankl.

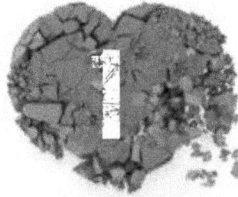

¿POR QUÉ SUFRIMOS?

Buscaremos en este estudio respuestas a esta pregunta, tratando de echar luz sobre el tema.

El siquiatra español Pablo Martínez Vila nos aclara que el primer responsable del sufrimiento no es Dios sino el hombre y que las tres cuartas partes del sufrimiento físico y moral se deben a las actitudes del hombre.

1 - Piensen ejemplos de esto y comenten sufrimientos originados por el hombre.

Si el hombre amara más, sufriría menos y la tierra sería un jardín.

El hombre puede hacer mucho para aliviar el sufrimiento.

2 - Discutan esta pregunta: ¿Por qué Dios permite cosas como terremotos, catástrofes naturales, volcanes, cáncer, etc.?

Hay casos en que el sufrimiento no tiene una explicación aparente y otros en los que el hombre no puede hacer nada para impedirlo. Pero en muchos casos podemos prevenir ese sufrimiento, usando nuestros conocimientos, nuestra ciencia y tecnología.

3 - Piensen en maneras en que podríamos prevenir sufrimientos.

4 - ¿Qué les dicen los siguientes pasajes sobre las luchas que enfrentamos?
Efesios 6. 12-20 - Romanos 7. 18-25

5 - El autor del salmo 73 se pregunta sobre el sufrimiento del

justo. Podemos leerlo y tratar de entender su mensaje. Anote lo que observa.

6 - ¿Qué escribe Oseas 6.1? ¿Cómo entendía el sufrimiento?

7 - Veamos el Salmo 22. ¿Qué dice acerca del sufrimiento?

Conclusión:

A Satanás le interesa causar mucho daño y lo vemos en la historia destruyendo a grandes hombres de Dios. Busca blancos que hagan mucho ruido. No obstante, Dios está en control de toda situación a pesar de la actuación del maligno.

También hay que decir que Dios no nos hizo títeres, sino personas libres, que elegimos el pecado, caímos y esto nos trajo sufrimiento.

LOS BENEFICIOS DEL SUFRIMIENTO

Un aspecto positivo del sufrimiento es que puede actuar como un timbre, como un sistema de alarma que nos advierte que algo anda mal. Es una forma de comunicarse de Dios con el hombre para avisarle que algo no funciona. Por ejemplo: Es el dolor el que avisa que hay una enfermedad, un síntoma de que algo no funciona bien.

¿Qué otros ejemplos similares se les ocurre?

-

-

-

-

Períodos de sufrimiento han sido tiempos de aprendizaje, fructíferos, provechosos al cabo de los años. Por ejemplo en la cárcel se escribieron muy buenos libros, en la enfermedad uno puede madurar, etc.

El sufrimiento tiene un valor creativo a rescatar. Es sabido que durante las guerras surgieron progresos, descubrimientos, vacunas, etc.

No obstante lo dicho, el sufrimiento es un mal en sí mismo que hay que combatir con todas nuestras fuerzas. No es algo bueno aunque encontremos beneficios en él, no por eso lo glorificamos.

Dios no nos deja de amar cuando sufrimos y puede utilizar el sufrimiento y transformar la maldad, usándolo para bien de diferentes maneras:

A veces utiliza el sufrimiento para *alcanzarnos*. Por ejemplo, una tragedia nos detiene, nos hace reflexionar sobre la vida y volvernos a Dios.

1- ¿Para qué utiliza el dolor el Señor, según Hebreos 12. 5-8? ¿Qué nos muestra al disciplinarnos?

-

-

-

-

2 - ¿Para qué lo usa según 2 Corintios 1.4? ¿De qué manera nos capacita Dios?

-

-

-

Granger Westberg habla en su librito "Ante la pérdida de un ser querido", de los aspectos positivos que tiene el sufrimiento; de que podemos aprender del dolor. Señala este autor que:

1) El sufrimiento es inevitable, todos lo experimentamos de distintas maneras.

2) Todos vamos a sufrir, no importa cuán santos o pecadores seamos.

Habla de etapas de sufrimiento por las que atravesamos y se pueden sintetizar de la siguiente manera:

1 - El estado de "shock": Es como una anestesia emocional ante la experiencia trágica. Dura poco tiempo y viene el derrumbe al encontrarnos con la realidad después de este aturdimiento.

2 - Aflora la emoción: Y debemos permitirnos expresar lo que sentimos.

3 - Depresión y soledad: Sentimos a Dios lejos y creemos que somos los únicos que sufrimos.

4 - Síntomas físicos de angustia: El cuerpo habla y se manifiesta con enfermedades.

5 - El pánico: Pensamos sólo en la pérdida sufrida. No podemos concentrarnos en otra cosa, el temor nos paraliza, caemos en el pánico. No podemos empezar algo nuevo.

6 - Sentido de culpa: Es lo que sentimos por haber hecho o dejado de hacer algo de lo que somos responsables.

7 - La hostilidad y el resentimiento: Estos sentimientos deben esperarse y enfrentarse para luego superarlos. Reclamamos a las personas y a Dios por lo que nos pasa.

8 - Incapacidad para reanudar actividades: A la gente moderna le cuesta manifestar su dolor. Pareciera que mostrar dolor está fuera de lugar.

9 - Recuperar gradualmente la esperanza.

10 - La lucha por afirmar la realidad: Luego de atravesar una experiencia dolorosa surgimos de ella siendo personas diferentes. Según como reaccionemos seremos más fuertes o más débiles. La fe madura nos ayuda a atravesar con éxito estas experiencias y volver a reír otra vez.

3 - A partir de la lectura de estas etapas descriptas, pueden tomarse un tiempo para comentar experiencias. Consideren si se identifican con lo narrado y qué pueden aprender de los aportes de este autor.

-

-

-

4 - Terminamos con una frase de Isabel Allende en su novela "Paula", 1995, pág. 330, ¿qué les dice a ustedes esta lectura?

"Mi vida está hecha de contrastes, he aprendido a ver los dos lados de la moneda. En los momentos de más éxito no pierdo de vista que otros de gran dolor me aguardan en el camino, y cuando estoy sumida en la desgracia espero el sol que saldrá más adelante".

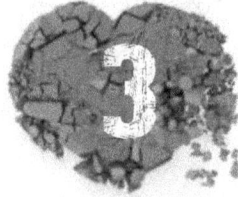

¿CÓMO AFRONTAR EL DOLOR COMO CRISTIANOS?

Debemos afrontar el sufrimiento como Cristo lo hizo y tener las actitudes de Jesús frente al dolor; así que a Él nos remitimos como modelo a seguir. Veamos:

A - Sufrir sin resentimiento: Expresiones como "yo no me merezco esto, no hay derecho, no es justo", no caben.

1 - ¿Para Jesús, fue justo el sufrimiento al que lo sometieron y que terminó con su vida?

El cristiano debe estar preparado para afrontar el sufrimiento. Preguntarnos "¿por qué yo?, ¿por qué a mí?", acumula amargura, rencor y reproches. Lo normal es que suframos. Jesús nos advirtió que tendríamos persecución, incomprensión, soledad. Debemos armarnos de este pensamiento y prepararnos para sufrir.

2 - ¿Qué opinan de lo leído? ¿Cómo reaccionamos frente al dolor? Compartan experiencias.

B - Sufrir sin sorpresas:

3 - Leamos 1 Pedro 1. 11-13. Cristo sufrió y nosotros también lo haremos. ¿Qué podemos hacer según este pasaje?

C - Sufrir con esperanza:

"Confiar es luchar sin rebeldía pero sin desfallecer".

4 - Leamos 1 Pedro 1. 6. ¿Qué duración tienen para Pedro estos tiempos de sufrimiento?

D - Sufrir con alegría:

El gozo cristiano se define como una serenidad interior profunda, que está presente aún en medio de la tristeza. Es contentamiento, una actitud interior de fortaleza. Este gozo nos permite seguir adelante a pesar de... todas las circunstancias.

5 - *Observen estos pasajes. ¿Qué les dice a ustedes?*
   1 Pedro 1.6:

   1 Pedro 4. 13, 14 y 16:

Nada ni nadie nos puede apartar del amor de Dios. El gozo para el cristiano no es llevar una sonrisa dibujada en la boca y mostrar los dientes ante cualquier circunstancia negativa. Se puede llorar y estar con gozo. El gozo es fruto del Espíritu.

6 - *Si han vivido algo así como lo leído precedentemente, pueden tomar un tiempo y compartirlo.*

"Alégrense, salten de alegría, porque en el cielo obtendrán una gran recompensa". (Lucas 6.23)

e. Sufrir en comunidad:

Jesús prometió no dejarnos solos en el sufrimiento, sino acompañarnos y sanar nuestras heridas.

Lo peor que podemos afrontar cuando sufrimos es la **soledad**. Es muy amargo sufrir solos. Cuando podemos compartir la carga, ésta se hace menos pesada y algunos dicen que es la mitad de la carga.

7 - Podríamos usar un momento para compartir cargas y orar unos por otros, haciendo práctico este mandato del "ayúdense a soportar las cargas unos a otros".

UN TESTIMONIO:

Debo prepararme para sufrir, para despedirme de mi madre anciana. Pero, ¡cómo duele la idea de la ausencia! De no tenerla a mano, de no verla, no escucharla, no acudir a sus llamados...

Debo reconocer que la pasamos lindo. Vivimos mucha pobreza y también tiempos de abundancia. Tenemos una vida compartida, una vida en común. Dios ha sido generoso permitiéndome disfrutar a mi madre por muchos años. Y al honrarla, Dios nos ha bendecido. No ha sido fácil la tarea de atender a la "vieja". Los achaques de la vejez no son sencillos, ¡pero cuánto nos han enseñado! Mis hijos aprendieron geriatría por su abuela y mi esposa ejercitó en la convivencia, paciencia al compartir su casa con alguien que ella no eligió para vivir.

(Experiencia del autor ante la enfermedad de su madre anciana, que tiempo después falleciera).

Otro ejemplo:

La Universidad Bíblica Latinoamericana de San José, se solidarizó con el sacerdote Jon Sobrino, quien sufre en estos momentos persecución por parte de la Iglesia Católica, a partir de lo que enseña. Dice la carta, firmada por la rectora Dra. Violeta Rocha y la Asociación de estudiantes, en algunos párrafos, lo siguiente:

"... Deseamos hacerle saber que nos unimos en oración para que el Dios de la Gracia le acompañe y le proteja en esta hora difícil. Nosotros y nosotras, como pueblo de Dios, estamos con usted siguiendo la praxis de Jesús".

(Publicado por Editor de Contenidos, 28-3-07, Internet – cristianet)

8 - Si han vivido algo así como lo leído anteriormente, pueden tomar un tiempo y compartirlo.

9 - H. Norman Wright menciona en su libro: "Preguntas que las mujeres hacen en privado", algunos principios que pueden ayudarnos en los problemas de la vida. Él dice que podemos afrontar el dolor sabiendo que:

a) Podemos estar seguros del amor y del perdón fenomenal de Dios. ¿Qué nos dice 1 Juan 1.9 sobre esto?

b) Dios permite el sufrimiento que enfrentamos: Es difícil de entender, pero Él es soberano y tiene el control del universo. No se cae un pajarito a la tierra sin que Él lo sepa. ¿Te ayuda esta afirmación?

c) Dios nunca nos dará una carga más pesada que la que podemos llevar.
¿Qué les dice sobre esto 1 Corintios 10.13?

d) A menudo el deseo de Dios es librarnos del sufrimiento actual. ¿Qué hacía Jesús ante el dolor humano? Ver Mateo 9.35 y 36.

e) Dios siempre nos cuida y acompaña en el sufrimiento. ¿Qué nos dice Hebreos 13.5 y 6 sobre Dios y nuestra actitud ante lo que nos suceda?

f) Dios hace que todo nos ayude a bien. ¿Qué promesas nos da Romanos 8.28? Vean este versículo en diferentes versiones para apreciarlo mejor.

10 - Terminemos meditando en el siguiente texto y orando comunitariamente sobre lo que hemos entendido en este tiempo.

"Los planes que tengo para ti son planes para prosperarte y no para dañarte, planes para darte esperanza y un futuro". Jeremías 29.11.

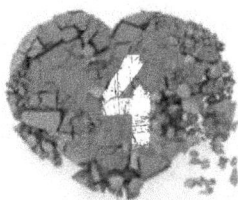

LA ACTITUD DE JESÚS ANTE EL SUFRIMIENTO

Jesús con su vida nos muestra cómo asumió el sufrimiento propio y cómo buscó aliviar el ajeno, procurando transformar la realidad y no conformándose con una situación mala. Curó a una mujer que sufría derrames de sangre, al gadareno de los espíritus que lo atormentaban, a la suegra de Pedro... alivió el dolor en muchos casos y nos invita a hacer lo mismo.

1 - Jesús nos enseña a que debemos identificarnos con los que sufren. Leamos: Hebreos 2.18. ¿Qué les dice a ustedes?

2 - Leamos ahora, Mateo 25. 31-46. ¿Qué aprendemos de este pasaje?

3 -¿Qué afirma Jesús en Lucas 6.21 y Mateo 5.4 sobre la duración del sufrimiento?

Dijo Lutero:

"Un cristiano debe saber que su sufrimiento tendrá un final y que no durará para siempre, pues de otra manera sería como un Judas maldito, que desesperaría y blasfemaría contra Dios".

Jesús nos da esperanza de vida en medio de la muerte. Mientras que el infierno es carencia de esperanza, el cristiano tiene una esperanza viva y puede encontrar alegría aún en el sufrimiento, aún en el dolor.

(Tomado de "Bases Bíblicas de la Misión", pág. 391.)

4 - ¿Qué les dicen estos textos a ustedes?
   Proverbios 14.32:

1 Pedro 1.3:

5 - También Jesús advierte que sus discípulos tendrán que sufrir y estar dispuestos a morir por Él. Así el sufrimiento es parte de la realidad del cristiano.
  a) Según Lucas 14.27, ¿qué quiere decirnos con esto de "llevar la cruz"?

  b) Pablo en Filipenses 3.10 habla de que "participamos en sus sufrimientos". ¿Qué nos quiere decir con esto?

6 - En Lucas 4.18 se relata la misión de Jesús, ¿cuál fue?

7 - Hebreos 12.2 nos anima a algo. Descubran el mensaje y escríbanlo.

8 -Leamos estos pasajes, indagando qué nos enseñan los mismos sobre el tema que estamos estudiando:
Juan 16.33

Marcos 13.13

Romanos 5.3.

Romanos 12.12

2 Corintios 1.6

2 Corintios 6.4

2 Tesalonicenses 1.4

2 Timoteo 2.9 y 3.10-12

Hebreos 10.32- 36

Juan 12. 24-26

Isaías 53 nos presenta a Jesús como siervo sufriente. Lea este capítulo buscando conocer a este Jesús y cómo asumió el sufrimiento.

Conclusión:
Dios espera que en el sufrimiento tengamos *paciencia, persistencia* y *perseverancia.*

Tengamos un tiempo de oración por esto, que Dios nos dé PACIENCIA en el dolor, sabiendo que vamos a ser más fuertes cuando pase. PERSISTENCIA cuando seamos perseguidos, para no desfallecer y PERSEVERANCIA cuando lleguen los días malos, para no renegar de Dios y podamos decir como Job: "Jehová dio, Jehová quitó, sea el nombre de Jehová bendito".

EL SUFRIMIENTO EN LA CARTA DE PRIMERA PEDRO

Introducción:

Esta carta procura "infundir aliento", que sus lectores se mantengan firmes en su conducta, su inocencia y su carácter. Fue escrita por Pedro, desde Roma, en el año 64-67 DC., cuando estaban viviendo la persecución de Nerón. El autor tiene en mente la próxima Segunda Venida de Jesús. Está expectante con este tema, el cual estará presente en toda la carta y es lo que motiva a perseverar en la fe en medio de las persecuciones.

Destinatarios de la carta:

Expulsados:

Pedro escribe a hermanos en dificultades, que habían sido expulsados de su patria y andaban errantes; como peregrinos (1.14) que estaban buscando una ciudad que estaba por venir (He. 13.14). Sufrían el exilio, la persecución, el miedo. Habían dejado su tierra y sus cosas, sus familiares y sus bienes. Eran gente sufriente, dispersa, que pagaba el costo de seguir a Jesucristo.

Los llama "esparcidos", hermanos viviendo tiempos difíciles, gente sufriente, no exitosa, sino fracasada aparentemente a los ojos de los otros. Pero con ideas, con conductas, con ideales que Jesús les había transmitido. Seguir a Jesucristo traía problemas.

Expatriados:

Vivían en el Asia Menor como extranjeros, esparcidos por las costas del Mar Egeo, en un tiempo de verdadero peligro, de persecución, escándalo y difamación. Vivían amenazados, temiendo ser denunciados. Pedro les escribe para fortalecerlos en medio del peligro que se corría por el solo hecho de ser cristianos.

Hoy como ayer, necesitamos de hermanos como Pedro que *nos fortalezcan en tiempos difíciles.* ¡Ojalá haya muchos "Pedros" por aquí que se dediquen a esta tarea de consolar, de infundir aliento en los tiempos duros!

1 - ¿Conoce a algún "Pedro" cercano que se dedique a consolar a otros? Comenten si tienen ejemplos de personas así. Ellos nos alientan y pueden con su ejemplo motivarnos a hacer lo mismo.

Hoy también hay persecución: Persecución por pensar distinto. En nuestro país se persigue y deja sin trabajo a periodistas por disentir con el gobierno, por levantar su voz y decir que no está de acuerdo con todo lo que se hace o cómo se hace.

La iglesia misma ha perseguido a sus propios miembros cuando atentaron contra el orden impuesto, cuando llamaron la atención por pecados cometidos. Pensemos por ejemplo en Lutero que lo persiguió su propia iglesia, en Leonardo Boff a quien le fue prohibido enseñar, o a Jon Sobrino, en este último tiempo (Ver la nota al final de este capítulo). No es fácil seguir la verdad y decirla; levantar la voz puede costar caro dentro y fuera de la iglesia. Seguir a Jesús no es fácil y hay que pagar un precio. Y esta fidelidad a Jesús debe estar por encima de la fidelidad a una institución, como puede ser el gobierno o la iglesia.

2 - ¿Tienen alguna experiencia para comentar? Anótenla y reflexionen a partir de ella.

Hoy, como ayer, sigue trayendo problemas seguir a Cristo. Seguir a Jesús cuesta, y puede costar mucho. Hasta la vida, hasta perder la patria, los bienes, la familia y debemos estar preparados para ello, para ser fieles a aquel que nos llamó a seguirle, fieles hasta la muerte, que es lo máximo que nos pueden hacer.

3 - ¿Qué les ha costado a ustedes por ser fieles seguidores de Jesús? Anoten y compartan experiencias.

Escogidos

En un principio, Israel era sólo el pueblo elegido por Dios, luego este lugar se abre a todos los pueblos del mundo, por la gracia de Dios. Pedro los llama a estos gentiles, "escogidos por Dios". Dios los eligió desde hace tiempo, por lo tanto, estos perseguidos son unos privilegiados, hijos de Dios, de su familia, con un propósito.

Así como Dios tenía planes para ellos, los tiene también para nosotros. Tiene planes para nuestro bienestar. Dios quiere nuestro bien y prepara sorpresas para cada uno de nosotros. *"Cada mañana es nueva su gracia, inalterable es su gran amor"*. Dios también nos escoge a nosotros, nos elige para que le sirvamos en sus planes y propósitos.

4 - Piensen ahora en ustedes. ¿Qué planes tendrá Dios? ¿Qué dones les ha dado y dónde los podrían usar para el servicio a otros?

Alegres

Hay un llamado también a la alegría (a llenarse de alegría), y aunque se sufra aflicción en el presente, hay un futuro extraordinario. Los problemas nos hacen más firmes y puros en la fe. Nuestra fe debe resistir las pruebas y fortalecerse. Dice Barclay (en su libro "Comentario de 1ra. Pedro, pág. 204) que *en este mundo los contratiempos y las aflicciones no tienen por objeto restarnos fuerzas, sino darnos más fuerzas*".

Somos salvos y esto trae alegría (1 Pedro 1.9 y 18). Ya no tenemos miedo, encontramos un sentido para vivir, un propósito, y esto nos alegra la vida.

Vayamos a 1 Pedro ahora:

El tema del sufrimiento aparece unas quince veces en esta carta. Vamos a tratar de detenernos a considerar estos versículos y descubrir juntos lo que quiere enseñarnos Pedro:

5 - Según 1 Pedro 2.21 y 3.18, ¿cómo reaccionó Jesús cuando lo hicieron sufrir injustamente?

6 - ¿Cómo reaccionamos nosotros ante circunstancias desfavorables?

7 - En 1 Pedro 3.13 y 17 se nos advierte que podemos "padecer" por hacer lo justo. ¿A qué se nos exhorta cuando nos suceda algo así?

8 - Pedro es un buen animador de almas, y nos dice que no nos debemos dejar asustar ante la persecución, que Dios recompensa y que lo difícil pasa. ¿Tienen experiencias ustedes que puedan compartir de haber animado a otros en tiempos duros?

9 - En 1 Pedro 4.1 Pedro nos advierte que vamos a sufrir como Cristo lo hizo. ¿Estamos preparados para ello? ¿Cómo podemos prepararnos para no ser sorprendidos? Propuestas.

10 - Pedro en 4.13-16 y 19 nos propone una actitud frente al sufrimiento. ¿Cuál es ésta? ¿Cómo debemos reaccionar frente al sufrimiento?

11 - En 1 Pedro 5.10 hay un texto muy lindo que tiene una promesa de Dios. ¿Qué quiere hacer Dios con nosotros?

CONCLUSIÓN:

Pedro nos anima a vivir la vida con Jesús. Él tiene cosas buenas para nosotros. Seguirlo no es fácil pero el resultado será excelente. Con Él, sufrir no nos quita la alegría. Que así sea.

Nota:

Martín Lutero era un teólogo alemán ejecutado por el régimen nazi durante la segunda guerra mundial.

Leonard Boff es un teólogo católico brasileño a quien el Papa le prohibió predicar durante un año a causa de un libro que publicó.

Jon Sobrino, teólogo español, fue reprimido por el Vaticano a causa de su promoción de la Teología de la Liberación.

EL SUFRIMIENTO COMO PARTE DE SEGUIR A JESÚS

Introducción:

Quisiera empezar citando algunos pensamientos de Dietrich Bonhoeffer de su libro *El precio de la gracia* (Edit. Sígueme 1986, pág. 50/55). El autor dice que no nos gusta la idea de un Cristo sufriente. Lo preferimos rey, victorioso. No sufriente. Por eso Pedro rechaza esta idea de sufrir y se anima a reprender a Jesús. Pero Jesús insiste en que debe sufrir y sus seguidores también tendrán que hacerlo. Tomar su cruz y seguirlo. Jesús no fuerza a nadie, por eso dice "si alguno quiere venir...". Es una decisión personal, voluntaria, una opción entre otras. Jesús nos propone un camino, pero no impone nada. Somos libres para elegir seguirle o no. Pero si elegimos seguirle nos dice: "niéguese a sí mismo"; "tome su cruz y sígame".

Tomar la cruz implica que vamos a ser rechazados por seguir a Jesús. La cruz es sufrir con Cristo; cada uno debe llevar "su cruz", destinada a su medida, a sus fuerzas, por designio de Dios. Este es el comienzo para seguir a Jesús. Morir a sí mismo, a nuestro viejo hombre, a nuestros deseos, nuestros apetitos, para nacer a una nueva vida en Cristo.

El sufrimiento será un signo distintivo de los seguidores de Cristo. No podemos obviarlo. Seguir a Jesús es vincularnos con el Cristo sufriente. Para Bonhoeffer el sufrimiento no tiene nada de desconcertante, es más bien una gracia y una alegría.

1 - En 2 Timoteo 2.1 Pablo lo exhorta a Timoteo a apropiarse de las fuerzas de Jesucristo, a mantenerse fuerte. Dios es para Pablo fuente de fortaleza de la que debemos apropiarnos para mantenernos en pie. ¿Tenemos a Dios como nuestra fuente de fortaleza o nos apoyamos en nuestras propias fuerzas? Pensemos juntos.

2 - Al leer 2 Timoteo 2.3 Pablo nos habla de "hacernos cargo de la parte que nos toca". De soportar el sufrimiento, las fatigas. ¿Somos conscientes de que vamos a sufrir por seguir a Jesús? ¿O creemos que con Cristo es todo un "jardín de rosas"?

3 - ¿Predicamos esta parte del evangelio? ¿Le avisamos a la gente que seguir a Cristo implica también sufrimiento?

4 - Nuestra sociedad nos invita a la búsqueda del placer, a evitar todo tipo de dolor. ¿No será una "antipropaganda" hablar del sufrimiento cuando predicamos el evangelio? ¿Quién querrá embarcarse en algo que traerá sufrimiento?

5 - a) En 2 Timoteo 2. 9-10 Pablo habla de que estaba soportando sufrimiento por seguir a Jesús y que era Jesús quien lo mantenía en pie, quien lo sostenía. ¿Pensamos de esta manera? ¿Hemos sufrido por seguir a Cristo alguna vez?

Comenten. Si fuera negativa la respuesta, ¿por qué será?

b) Pablo quería que su sufrimiento beneficiara a otros, que sirviera para que otros crecieran; que de su siembra se cosechara algo.

Pensemos en nuestros sufrimientos y de cómo podemos usarlos para beneficiar a otros. Anótenlos.

c) La sangre de los mártires del siglo I fue semilla para que nacieran otros cristianos. Y la sangre nuestra ¿de qué podrá ser semilla? Piensen y escriban.

6 - Leamos otros pasajes escritos por Pablo, tratando de entender cómo lo vivía él a este tema y tratemos de extraer de ellos algunas enseñanzas. ¿Qué les dice para sus vidas?

2 Timoteo 1.8:

2 Timoteo 1. 12:

2 Timoteo 3.12:

Romanos 8.17:

Filipenses 1.29:

7 - Otros textos para ver el pensamiento del apóstol Pablo sobre el sufrimiento, pueden ser:

2 Corintios 4.16-18.

2 Corintios 6. 8-10:

Conclusión

El sufrimiento es parte del evangelio. No podemos no predicarlo. No somos honestos al predicar que con Jesús todo será "éxitos". Jesús vino a dar su vida y nos enseñó a hacer lo mismo. Tenemos que estar preparados para ello, para padecer por ser fieles seguidores de Jesús.

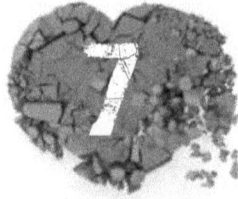

EL SUFRIMIENTO COMO APRENDIZAJE

Para los griegos el sufrimiento era aprendizaje. Permitía aprender cosas. Dice Ratzinger: "Aprender a vivir significa también aprender a sufrir".

1 - ¿Qué han aprendido ustedes del sufrimiento?

2 - Como una actividad diferente, podríamos organizarnos para ver alguna película que trate del tema del sufrimiento y debatirla con el grupo, procurando sacar enseñanzas de la misma. Ustedes pueden conocer alguna y que se consiga fácilmente:

Por ejemplo: "El Faro" o "Tierra de Sombras" (vida de C.S. Lewis.);

también "La Vida es Bella" plantea el tema, o "Carácter", de origen francés, habla también de un niño que sufre. Sugiero otra película: "Ser digno de Ser". Se trata de un proyecto de inmigración que pretende trasladar a los judíos provenientes de Etiopía, los "falashas", a Israel, buscando facilitarles el acceso a la "Tierra Prometida". Aprovechando este efímero operativo, una madre cristiana obliga a su hijo de nueve años de edad a declararse judío para sobrevivir. El niño se hace pasar por huérfano y es adoptado por una familia francesa que vive en Tel Aviv, situación que lo llevará a descubrir los lujos occidentales, el racismo, la cultura judía y la guerra sin fin en Medio Oriente. Pasan los años y el niño crece ocultando sus secretos mientras se va convirtiendo en un judío, israelí, francés y tunecino, pero en su interior guarda el recuerdo de su madre verdadera y el sueño de volver a encontrarla alguna vez.

Dice Lou Marinoff en su libro "Más Platón y menos Prozac", pág. 81, que Buda consideró al sufrimiento como:

* Que forma parte de la vida.

* Que tiene una causa, no ocurre por accidente.

* Que hay que descubrir la causa y romper la cadena de causalidad para evitar el sufrimiento. Sin causa no hay efecto.

* Que debemos ejercitarnos para alcanzar el fin propuesto en el tercer punto.

Para Buda, todo lo que hacemos acarrea consecuencias. Si la opción es buena, sucederán cosas buenas. Este planteo cede una parte de responsabilidad y control a cada uno.

3 - ¿Qué opinan ustedes de esto, a la luz de lo que escribió Pablo al decir: "lo que se siembra se cosecha"? (ver Gálatas 6.9)

Para leer y recrearse, a continuación compartimos un cuento. Se llama "Agrimensor Bene Nio", y su autor es Juan Rodolfo Wilcock, tomado de www.cuentosymas.com.ar -Bs.Aires, 2007.

4 - *Luego de su lectura, procuren ver qué les dice a cada uno de ustedes.*

"Es notable la cantidad de partes y de órganos que puede perder una persona y aun así seguir incólume, o casi. Como una estatua antigua, con apenas cincuenta y cinco años de edad el agrimensor Bene Nio ya ha perdido las piernas y los brazos, buena parte de la pelvis, el hombro derecho, además le falta casi toda la mitad izquierda de la cabeza y también el ojo y la oreja derechos, y por eso ya no ve ni oye; le ha desaparecido la nariz, y la lengua- o lo que queda de ella- está parcialmente al descubierto y se le ha endurecido de modo tal que no se entiende bien lo que dice. Vive sentado, si puede decirse así, en una especie de silla de ruedas que parece más bien un carrito para hacer las compras, y dentro de este carrito, embutido y atado para evitar que se caiga, está el agrimensor Nio. Manos solícitas lo llevan de un lado al otro, oídos todavía sanos escuchan sus órdenes y las interpretan; porque el agrimensor, afecto desde siempre a las tareas del campo y a los nuevos métodos de avanzada, es hombre de una actividad envidiable. Es dueño de una serie de cañadas, montes y barrancos en el Alto Lazio, terreno arcilloso y friable que el agrimensor Nio se ha propuesto sanear con numerosos proyectos que le ocupan todo su tiempo. Antes que nada, el proyecto de irrigación, que se nutre de dos grandes manantiales permanentes existentes en la propiedad y que en pocos años promete transformar esos

desiertos en una tierra prometida. Luego, el proyecto de forestación que, con la ayuda de la Dirección Forestal, transformará en pocos decenios esa tierra prometida en un jardín colgante. Mientras tanto el agrimensor Nio está haciendo cercar todo con sólidos postes de cemento y con una red de dos metros de alto, para después meter dentro toda clase de animales y de aves exóticas, y transformar ese jardín colgante en un Edén. El proyecto de riego prevé una hermosa piscina olímpica para uso particular del agrimensor (o de lo que queda de él), ya que el agua de los manantiales es más que abundante. Después construirá, en los puntos más panorámicos, media docena de pabellones de caza o de descanso, comunicados entre sí por cómodos senderos asfaltados; todos contarán con luz, teléfono y demás servicios indispensables para la vida moderna. El agrimensor Nio piensa terminar este paraíso en apenas veinte o treinta años, luego de lo cual espera vivir allí: después de todo aún es joven".

CONCLUSIÓN FINAL:

Estudiar el tema del sufrimiento ha procurado capacitarnos para cuando nos lleguen los días malos, los valles oscuros de sombra y de muerte. Y si ya los hemos atravesado, para aprender de ese tiempo y poder ayudar a otros a pasar por los mismos lugares.

Si estos encuentros nos motivaron a hablar, a compartir cargas, dolores y consolarnos mutuamente, nos damos por satisfechos. Pues se trata de sufrir juntos, en comunidad, para sufrir menos, para sufrir mejor, pues la carga compartida es menos carga. Que así sea.

Bibliografía consultada:

1 - Nancy Bedford. *Bases Bíblicas para la misión*, cap. 13, *La misión en el sufrimiento y ante el sufrimiento*. Edit. Kairos.

2 - Pablo Martínez Vila, siquiatra español. Charlas grabadas sobre el tema del sufrimiento.

3 - Michael Green. *La iglesia local*, pág. 222. Edit. Nueva Creación

4 - Rick Warren. "Una vida con propósito", pág. 209, 262. Edit. Vida

5 - H. Norman Wright. *Preguntas que la mujeres hacen en privado*, , pág. 140 y ss. Edit. Unilit, 1994

6 - C. René Padilla, *Discipulado y Misión*, pág. 61 y ss. Edit. Kairos, 1997.

7 - Granger E. Westberg, *Ante la pérdida de un ser querido*, Edit. Casa Bautista de Publicaciones, 1998.

8 - Lou Marinoff, *Más Platón y menos Prozac*, pág. 81. Edit. Sine Qua non, 2000.

9 - Cuento de Juan Rodolfo Wilcock, tomado de Internet, www. cuentosymas.com.ar

10 - Dietrich Bonhoeffer, *El precio de la gracia*, Edit. Sígueme, 1986.

11 - Roxana Kreimer, *Artes del buen vivir*, Paidós, 2005, pág. 33 -50.

Nos gustaría saber quiénes trabajan con este material y qué resultados obtuvieron. Esto nos animará a mejorarlo y enriquecerlo.

Gracias por escribirnos a:

Carlos Peirone
H. Irigoyen 623
(2550) Bell Ville
Córdoba
Argentina

carlospeirone2002@yahoo.com.ar

Ediciones Crecimiento Cristiano

"Más que enseñar te ayudarmos a aprender"
Cordoba 419 - Villa Nueva - Cba. - Argentina
Telefono: +54 353 491-2450
Celular/WhatsApp: +54 353 481-0724
E-mail: oficina@edicionescc.com
Web: www.edicionescc.com
Facebook: Ediciones Crecimiento Cristiano

Este libro se terminó de imprimir

en los talleres gráficos de EdicionesCC

Villa Nueva, Córdoba, Argentina

Abril 2017